1911

Samedi 27 mai

COLLECTION DE MONSIEUR L. S.

TABLEAUX ANCIENS

ET MODERNES

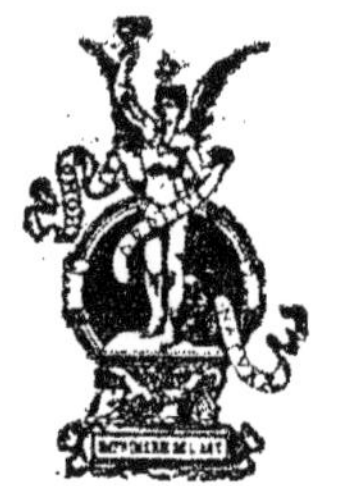

COLLECTION DE MONSIEUR L. S.

TABLEAUX ANCIENS
ET MODERNES

CATALOGUE

DES

TABLEAUX

ANCIENS ET MODERNES

Par ou attribués à :

BACKHUYSEN, BIANCHI DE FERRARE, CANALETTO, CAREL DU JARDIN,
DE LA FOSSE, GOYA, HAECKART,
LAWRENCE, PINTURICCHIO, ANDRÉ DEL SARTE, ETC., ETC.
ROSA BONHEUR, CASANOVA, GÉROME, STEVENS,
E. VERBOECKHOVEN, ETC., ETC.

CADRES EN BOIS SCULPTÉ

Provenant de la Collection de M. L. S.

ET DONT LA VENTE AURA LIEU A PARIS

HOTEL DROUOT, SALLE N° 1

LE SAMEDI 27 MAI 1911

à deux heures

COMMISSAIRE-PRISEUR

Mr HENRI BAUDOIN, Successeur de M. Paul CHEVALLIER

10, rue de la Grange-Batelière

EXPOSITION PUBLIQUE

Le Vendredi 26 Mai 1911, de 1 heure 1/2 à 5 heures 1/2

4.2

Produit 47,[illegible]

CONDITIONS DE LA VENTE

Elle sera faite au comptant.

Les adjudicataires paieront *dix pour cent* en sus des enchères.

N. B. — Les noms des Peintres et attributions des tableaux du présent Catalogue de vente sont donnés à titre de simple indication.

Paris. — Imprimerie de l'Art, Ch. Berger, 41, rue de la Victoire.

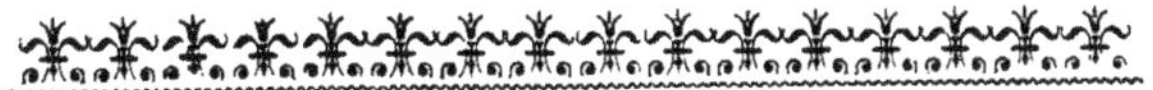

DÉSIGNATION

TABLEAUX ANCIENS

AELST

(VAN)

1 — *Nature morte et fleurs.*

Toile. Haut., 45 cent.; larg., 36 cent.

BACKHUYSEN

(L.)

2 — *Tempête.*

Le ciel roule des nuages sinistres, sur la mer démontée, les bateaux cherchent un refuge, l'un d'eux s'est échoué sur un récif près de la côte.

Signé du monogramme à droite sur un rocher.

Toile. Haut., 79 cent.; larg., 1 m. 10 cent.

BARTOLOMMEO DEL FATTORINO

(Attribué à FRA)

3 — *La Vierge, l'Enfant Jésus et saint Jean.*

La Vierge est assise sur un trône et tient l'Enfant Jésus. Tous deux regardent le petit saint Jean, qui, debout aux pieds de la Vierge et vêtu d'une peau de bête, prie, les mains jointes. En bas, de chaque côté, deux évêques sont assis. En haut, deux anges soutiennent une large draperie verte.

Bois. Haut., 1 m. 02 cent.; larg., 73 cent.

Cadre de style Renaissance.

BASSANO

(JACQUE)

4 — *Nativité.*

Toile. Haut., 43 cent.; larg., 55 cent.

Cadre en bois sculpté.

BEAUBRUN

5 — *Portrait de Jeune Femme.*

Elle est vue de trois quarts et porte une petite toque noire ornée d'une plume noire et rouge. Ses cheveux bouclés encadrent sa gracieuse figure. Elle est vêtue d'une robe noire décolletée qui laisse voir sa nuque ornée d'un collier de perles fines.

Bois. Haut., 36 cent.; larg., 30 cent.

Cadre en bois sculpté.

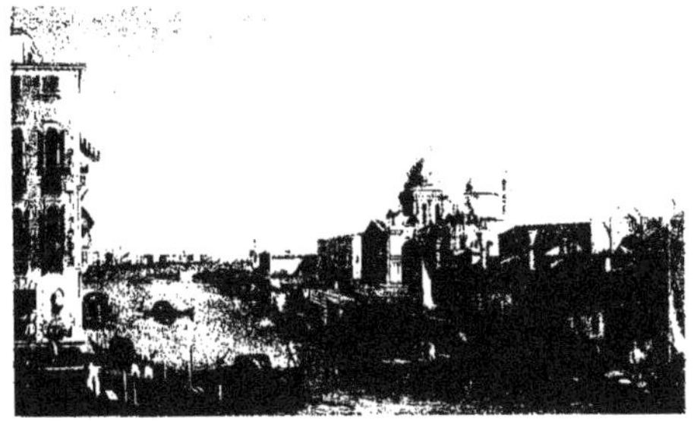

12

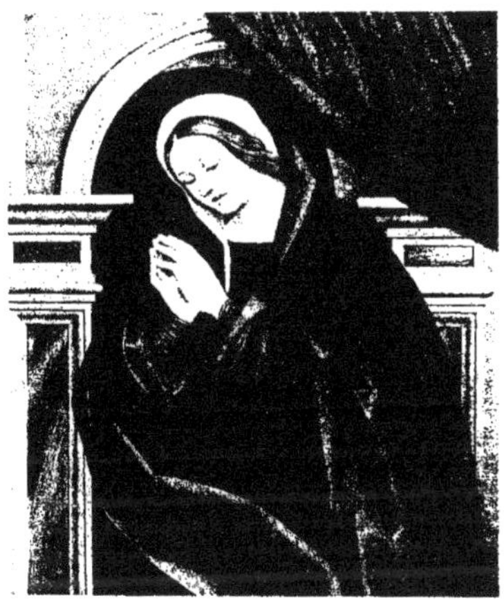

7

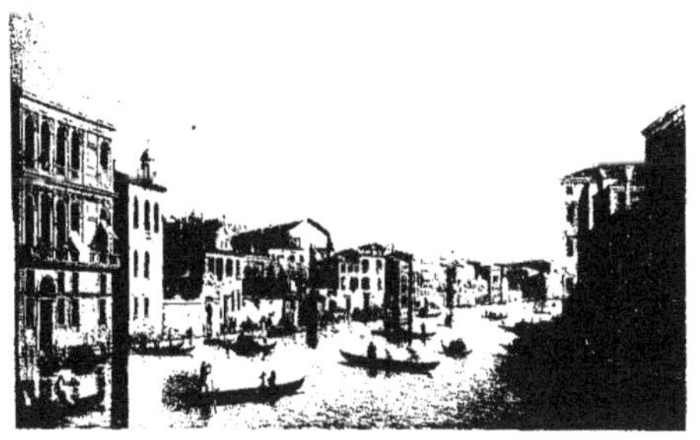

11

BELLOTO

(BERNARD)

6 — *Vue de Paris. La Seine et le Louvre.*

Des péniches et des galères sillonnent la Seine. A gauche, sur le quai, on aperçoit le Louvre ; plus loin, au fond, la tour Saint-Jacques, le Pont-Neuf, Notre-Dame et la Sainte-Chapelle.

Bois. Haut., 29 cent.; larg., 45 cent.

Cadre en bois sculpté.

BIANCHI DE FERRARE

(Attribué à)

7 — *Vierge en prière.*

Debout, les mains jointes et le corps légèrement incliné en avant, la Vierge prie. Un grand manteau noir à doublure verte est jeté sur ses épaules et recouvre sa tunique rouge, tandis qu'un voile blanc recouvre sa tête aux cheveux blonds. Elle se détache sur une arcade de pierre, cachée en haut et à droite par une tenture grenat.

Bois. Haut., 76 cent.; larg., 65 cent.

Cadre en bois sculpté.

BOLTRAFFIO

(Attribué à)

8 — *Tête de Vierge.*

Bois, forme ronde. Diamètre, 70 cent.

Cadre en bois sculpté.

BRONZINO

(École de)

9 — *Lucrèce.*

Bois. Haut., 89 cent.; larg., 62 cent.

CALCAR

(VON)

10 — *Portrait d'Homme.*

Il est vu de trois quarts à droite et porte un habit brun à col blanc rabattu. La barbe grise est taillée en pointe.

Bois. Haut., 47 cent.; larg., 36 cent.

CANALETTO

11 — *Le Grand canal à Venise.*

Les gondoles sillonnent en tous sens le canal bordé de chaque côté de maisons. Au premier plan, à gauche, un palais.

Toile. Haut., 62 cent.; larg., 38 cent.

Cadre en bois sculpté.

CANALETTO

12 — *L'Entrée du grand canal à Venise.*

A droite du canal, sillonné de gondoles, on aperçoit l'église de la Salute et plus loin les bâtiments de la Dogana. Au fond, la ville de Venise d'où émergent des dômes et des campaniles.

Toile. Haut., 38 cent.; larg., 62 cent.

Cadre en bois sculpté.

CORRÈGE

(École du)

13 — *Baigneuses.*

Bois. Haut., 1 m. 24 cent.; larg., 78 cent.

COURTOIS

(JACQUES, DIT LE BOURGUIGNON)

14 — *Combat de cavalerie.*

Bois. Haut., 35 cent.; larg., 69 cent

DAVID

(École de)

15 — *Sujet tiré de l'Histoire romaine.*

Esquisse.

Toile. Haut., 41 cent.; larg., 33 cent.

DOES

(VAN DER)

16 — *Le Troupeau*

Toile. Haut., 61 cent.; larg., 75 cent.

Cadre en bois sculpté.

DOLCI

(CARLO)

17 — *Le Sauveur.*

Cuivre. Haut., 28 cent.; larg., 22 cent.

Cadre en bois sculpté.

DROUAIS

(École de)

18 — *Portrait présumé de Louise Diane d'Orléans.*

Toile. Haut., 66 cent.; larg., 51 cent.

Cadre en bois sculpté.

DROUAIS

(École de)

19 — *Portrait de Jeune Femme.*

Toile. Haut., 56 cent.; larg., 46 cent.

Cadre en bois sculpté.

DROUAIS

(École de)

20 — *La petite Fille à la colombe.*

Toile. Haut., 47 cent.; larg., 38 cent.

Cadre en bois sculpté.

ÉCOLE ANGLAISE

21 — *Portrait présumé du Comte Houks Grice (ambassadeur à Rome).*

Toile. Haut., 1 mètre ; larg., 75 cent.

ÉCOLE FLAMANDE

22 — *La Récureuse.*

Dans une salle basse de ferme, une femme récure des chaudrons ; autour d'elle sont amassés des légumes, des pots, casseroles et accessoires divers.

Au fond, une femme donne la pâture à deux vaches.

Bois. Haut., 65 cent.; larg., 41 cent.

ÉCOLE PRIMITIVE ITALIENNE

23 — *La Vierge et l'Enfant Jésus.*

Bois cintré du haut. Haut., 48 cent.; larg., 27 cent.

Cadre de style gothique en bois sculpté.

ÉCOLE PRIMITIVE ITALIENNE

24 — *Une Sainte.*

Bois cintré du haut. Haut., 47 cent.; larg., 27 cent.

Cadre de style gothique en bois sculpté.

ÉCOLE PRIMITIVE ITALIENNE

25 — *Une Sainte.*

Bois cintré du haut. Haut., 44 cent.; larg., 26 cent.

Cadre de style gothique en bois sculpté.

ÉCOLE FLAMANDE

26 — *Villageois devant leur maison.*

Bois. Haut., 26 cent.; larg., 22 cent.

ÉCOLE ITALIENNE

(XVe siècle)

27 — *Six panneaux représentant deux Saints et quatre Saintes.*

Mesure de chaque panneau. Haut., 54 cent.; larg., 12 cent.

Cadre en bois sculpté.

ÉCOLE ITALIENNE

28 — *L'Ange gardien.*

Cuivre. Haut., 21 cent.; larg., 16 cent.

Cadre en bois sculpté.

ÉCOLE DE PARME

29 — *Sainte Catherine.*

Bois cintré du haut. Haut., 1 m. 13 cent.; larg., 55 cent.

Cadre en bois sculpté.

ÉCOLE DE PARME

30 — *Sainte Lucie.*

Bois cintré du haut. Haut., 1 m. 13 cent.; larg., 55 cent.

Cadre en bois sculpté.

ÉCOLE DE PARME

31 — *La Vierge et l'Enfant Jésus.*

Bois cintré du haut. Haut., 1 m. 13 cent.; larg., 55 cent.

Cadre en bois sculpté.

ÉCOLE VÉNITIENNE

32 — *Le Sauveur.*

Toile. Haut., 63 cent.; larg., 47 cent.

Cadre en bois sculpté.

ÉCOLE VÉNITIENNE

(XVIe siècle)

33 — *La Vierge et l'Enfant Jésus.*

La Vierge, les mains jointes, contemple d'un regard attendri l'Enfant Jésus couché sur ses genoux. Au fond, un paysage.

Bois. Haut., 50 cent.; larg., 40 cent.

Cadre de style Renaissance.

FLINCK
(GOVAERT)

34 — *L'Annonciation.*

Un ange apparaît à Abraham et, en désignant sa femme, il lui annonce qu'il va être père.

Toile. Haut., 1 m. 16 cent.; larg., 1 m. 48 cent.

FOSTER
(L.-W.)

35 — *Le Chasseur.*

Signé en bas à droite.

Bois. Haut., 13 cent.; larg., 11 cent.

FRANÇOIS
(DE TRÉVISE)

36 — *La Déposition.*

Toile. Haut., 48 cent.; larg., 38 cent.

Cadre en bois sculpté.

FRANCK
(FR.)

37 — *Joyeuse compagnie.*

Toile. Haut., 30 cent.; larg., 35 cent

GOYA

(FRANÇOIS)

38 — *Portrait d'un officier espagnol.*

Vu de trois quarts, il porte un uniforme rouge à galons dorés. Sa poitrine est ornée de brandebourgs d'or et d'un grand ruban à damiers bleus et or passé en écharpe.

Toile. Haut., 60 cent.; larg., 50 cent.

GRYF

39 — *Nature morte.*

Bois. Haut., 16 cent.; larg., 23 cent.

JARDIN

(CAREL DU)

40 — *Démocrite.*

Il est vu de face se détachant sur un ciel nuageux et s'appuyant sur le globe du monde. Il rit, découvrant les dents, les yeux levés, coiffé d'une toque qu'orne sur le devant une médaille : une de ses épaules est nue, un manteau jaune est jeté sur l'autre.

Toile. Haut., 72 cent.; larg., 61 cent.

(Collection du Comte de Cherisey.)

JARDIN

(CAREL DU)

41 — *Héraclite.*

Il est tourné de profil, s'appuyant sur le globe terrestre, mais sa tête chauve, plongée dans l'ombre et qu'il soutient d'une main, est triste; il se lamente, la bouche ouverte, commentant ses regrets d'un geste de la main. Une draperie violette découvre l'épaule nue.

Pendant du précédent.

Toile. Haut., 72 cent.; larg., 61 cent.

(*Collection du Comte de Cherisey.*)

KONINCK

(Attribué à SALOMON)

42 — *Tête de Vieillard.*

Sa figure, encadrée d'une barbe et de cheveux gris, est éclairée par un effet de lumière et se détache sur un fond sombre. De sa main droite il tient un livre.

Toile. Haut., 47 cent.; larg., 34 cent.

Cadre en bois sculpté.

LEBRUN

(Attribué à)

43 — *Le Passage de la mer Rouge.*

Bois. Haut., 29 cent.; larg., 66 cent.

LAFOSSE

(CHARLES DE)

44 — *Phryné devant ses juges.*

Phryné, la gorge découverte, est agenouillée devant ses juges. Ceux-ci, tout en se consultant, ont les yeux fixés sur elle et semblent fascinés par sa beauté. Derrière la jeune femme, un homme semble implorer leur pitié.

Toile. Haut., 1 m. 27 cent.; larg., 1 m. 06 cent.

Cadre en bois sculpté.

LATOUR

45 — *Portrait d'une Jeune Femme.*

Représentée en buste, un fichu lui couvre la tête, corsage blanc décolleté et manches bleues.

Charmant et gracieux pastel sur parchemin.

Haut., 35 cent.; larg., 45 cent.

Cadre Louis XVI en bois sculpté.

LAWRENCE

46 — *Portrait d'une Jeune Dame.*

Elle est représentée assise, vêtue d'une robe blanche décolletee. Fond de draperie rouge.

Toile. Haut., 89 cent.; larg., 70 cent.

Cadre en bois sculpté.

LUINI

(École de)

47 — *Tête de Vierge.*

Sa tête est légèrement inclinée à droite et un voile transparent recouvre ses cheveux blonds qui retombent sur ses épaules.

Bois. Haut., 33 cent.; larg., 25 cent.

Cadre de style Renaissance.

MEMMI

(École de SIMONE)

48 — *La Vierge et l'Enfant Jésus.*

Bois. Haut., 73 cent.; larg., 45 cent.

Cadre en bois sculpté.

MORONI

49 — *L'Homme à la bague.*

Il est représenté en buste, vu de trois quarts, et vêtu d'un habit noir. De sa main droite il tient une bague entre le pouce et l'index.

Toile. Haut., 72 cent.; larg., 55 cent.

Cadre en bois sculpté.

NETSCHER

(GASPARD)

50 — *Cléopâtre se faisant piquer le sein par un aspic.*

Toile. Haut., 38 cent.; larg., 46 cent.

HAECKART ET LINGELBACH

51 — *Le Départ pour la chasse.*

Descendant les degrés de la terrasse d'un château, le seigneur et sa dame sont attendus par les valets qui tiennent les chevaux. De nombreux personnages sont réunis au bord d'un étang sillonné par des gondoles.

Important tableau plein d'animation.

Toile. Haut., 1 mètre; larg., 1 m. 26 cent.

PINTURICCHIO

(Attribué à)

52 — *La Vierge, l'Enfant Jésus et deux Saintes.*

Bois. Haut., 32 cent.; larg., 23 cent.

PINTURICCHIO

(Attribué à)

53 — *L'Adoration des Bergers.*

Bois cintré du haut. Haut., 50 cent.; larg., 32 cent.

Cadre en bois sculpté.

RENI

(GUIDO)

54 — *Le Christ mort au pied de la croix.*

Toile. Haut., 46 cent.; larg., 37 cent.

Cadre en bois sculpté.

ROBERTI GRANDI

55 — *La Montée au Calvaire.*

Toile. Haut., 52 cent.; larg., 1 m. 23 cent.

Cadre en bois sculpté.

ROOS

(HENRY)

56 — *Troupeau à l'abreuvoir.*

Toile. Haut., 69 cent.; larg., 91 cent.

Cadre en bois sculpté.

RUBENS

(École de)

57 — *Portrait d'Homme.*

Il est vu de trois quarts, coiffé d'un chapeau à larges bords relevés. Ses cheveux blonds tombent sur son col blanc rabattu. A son cou, retenu par un ruban, il porte un petit éléphant orné de pierreries.

Toile. Haut., 71 cent.; larg., 54 cent.

RUYSDAEL

(Attribué à)

58 — *Le Torrent.*

Il dévale en cascade, roulant ses flots écumeux parmi les roches. A droite, sur le flanc de la montagne, des habitations ombragées par un massif de sapins. Au premier plan, à droite, deux figures.

Signature sur un rocher à gauche.

Bois. Haut., 55 cent.; larg., 49 cent.

SCARSELLA

(HIPPOLYTE)

59 — *Portrait d'une Dame vénitienne.*

Toile. Haut., 70 cent.; larg., 55 cent.

Cadre en bois sculpté.

TENIERS

(Attribué à)

60 — *Les Joueurs de boules.*

Bois. Haut., 18 cent.; larg., 24 cent.

THULDEN

(VAN)

D'après RUBENS

61 — *La Descente de croix.*

Cuivre. Haut., 65 cent.; larg., 49 cent.

VANNUCCHI

(École de ANDREA DEL SARTO dit)

62 — *La Vierge, l'Enfant Jésus et saint Jean.*

Agenouillée à terre, la Vierge regarde tendrement l'Enfant Jésus et saint Jean qui jouent ensemble.

Bois. Haut., 1 m. 33 cent.; larg., 96 cent.

Cadre en bois sculpté.

(Collection Colnaghi.)

VANNUCCHI

(Attribué à ANDREA DEL SARTO dit)

63 — *La Vierge, l'Enfant Jésus et saint Jean.*

La Vierge, vêtue d'une tunique rouge et d'un manteau vert, tient l'Enfant Jésus debout sur ses genoux. Celui-ci tend les bras vers saint Jean qui lui offre une petite croix faite de joncs.

Bois. Haut., 91 cent.; larg., 70 cent.

Cadre en bois sculpté.

(*Collection Colnaghi.*)

Traduction d'un document manuscrit ancien qui se trouve au revers du tableau : Andrea Vannucci dit « del Sarto » fit pour Donato di Tommaso Guadagni la Sainte Famille sur bois l'an de Nôtre Salvation 1524 et ce tableau fut d'entière satisfaction, l'ayant peint et terminé avec son habituelle exactitude.

Le donateur l'ayant trouvé très satisfaisante, en fit don à la chapelle funéraire de Tronto. Le prix convenu pour cette image sacrée a été de quarante florins.

VESTIER

64 — *Portrait d'une Jeune Dame en buste, cheveux poudrés.*

Toile. Haut., 54 cent.; larg., 43 cent.

Cadre en bois sculpté.

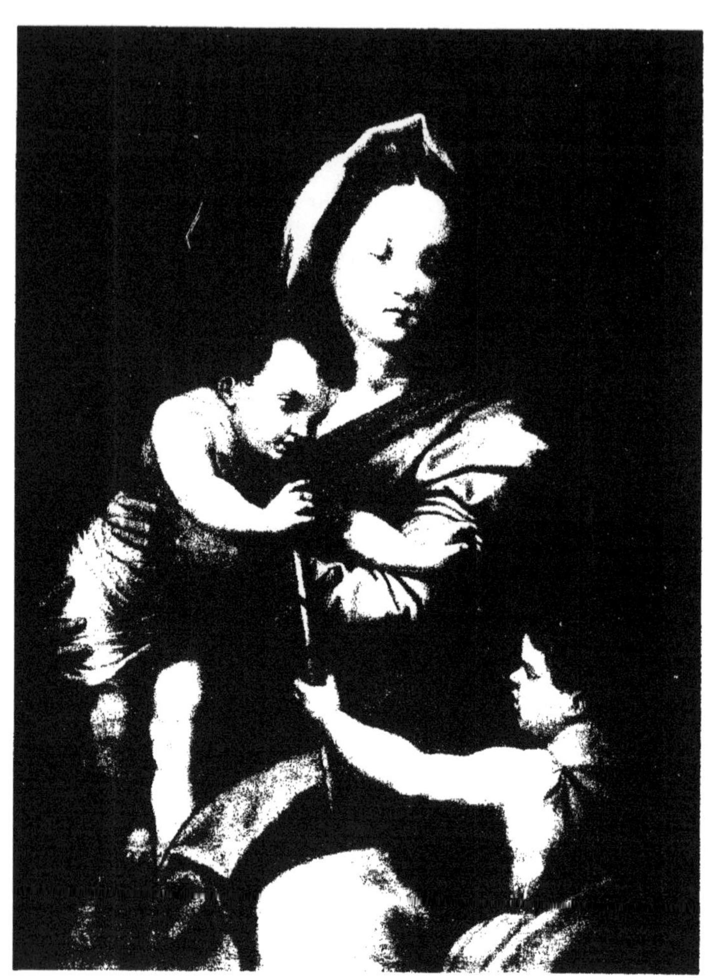

TABLEAUX MODERNES

BAHTEY

(H.)

65 — *La Rentrée du troupeau.*

Signé en bas à droite.

Toile. Haut., 65 cent.; larg., 92 cent.

BEREAU

(J.)

66 — *La Vache blanche.*

Signé en bas à gauche.

Toile. Haut., 65 cent.; larg., 81 cent.

BONHEUR

(ROSA)

67 — *Labourage nivernais.*

Dans le champ qui s'étend en pente douce, le laboureur guide le soc de sa charrue, que trainent six bœufs accouplés deux par deux sous le joug. Cinq sont blancs, le dernier est roux. Un aide les excite de la voix et de l'aiguillon. Dans le ciel bleu, qu'on découvre à perte de vue, s'envolent de grands nuages blancs et gris.

Cachet de la Vente en bas à droite.

Toile. Haut., 32 cent.; larg., 61 cent. 1/2.

BONHEUR

(ROSA)

68 — *Chien couché.*

De profil à droite, la tête tournée de face, les deux pattes de devant à demi-allongées.

Cachet de la Vente en bas à droite.

Toile. Haut., 32 cent.; larg., 43 cent.

BONHEUR

(ROSA)

69 — *L'Automne dans la forêt.*

Cachet de la Vente en bas à droite.

Bois. Haut., 21 cent. 1/2; larg., 16 cent.

BONHEUR

(ROSA)

70 — *Cheval bai cerise.*

Il est vu légèrement de trois quarts à gauche et de dos, la tête de profil à gauche.

Cachet de la Vente en bas à gauche.

Toile. Haut., 65 cent.; larg., 81 cent.

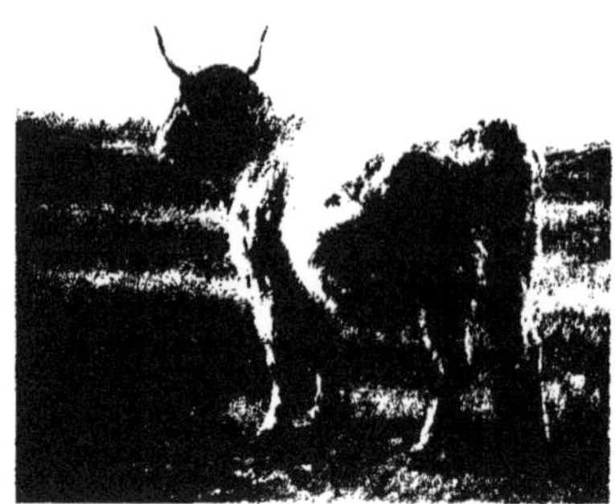

71

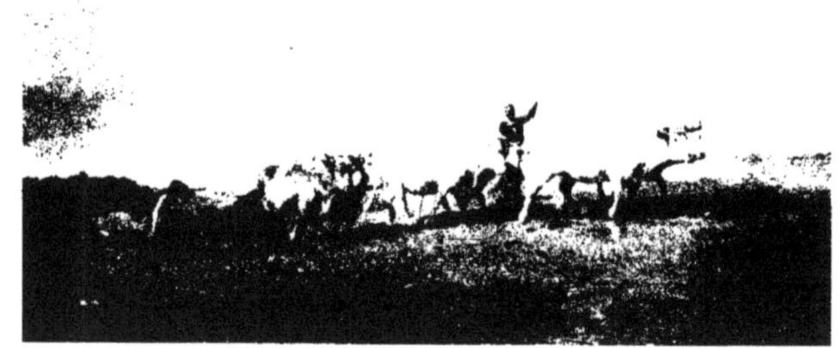

67

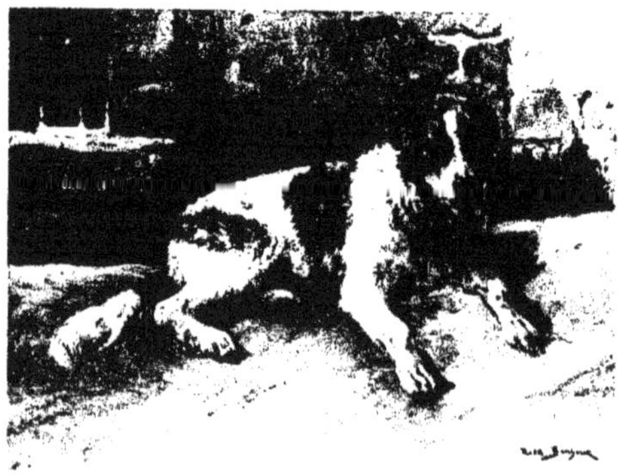

68

BONHEUR
(ROSA)

71 — *Bœuf écossais.*

De trois quarts à gauche et de dos.

Cachet de la Vente en bas à gauche.

Toile. Haut., 29 cent. 1/2; larg., 35 cent.

BONHEUR
(ROSA)

72 — *Biches couchées.*

Trois études.

Cachet de la Vente en bas à gauche.

Toile. Haut., 38 cent.; larg., 53 cent.

BONHEUR
(ROSA)

73 — *Bœuf couché.*

De profil à droite.

Cachet de la Vente en bas à droite.

Toile. Haut., 40 cent.; larg., 51 cent. 1/2.

BONHEUR
(ROSA)

74 — *Vache blanche.*

De profil à droite, la tête tournée de face.
A droite, le râtelier d'où l'herbage déborde.
Signé à gauche en haut : *Rosa B.*

Toile. Haut., 32 cent.; larg., 40 cent.

BONHEUR

(ROSA)

75 — *Troupeau de moutons au repos.*

Cachet de la Vente en bas à gauche.

Toile. Haut., 36 cent.; larg., 80 cent.

BONHEUR

(ROSA)

76 — *Têtes de moutons et de béliers.*

Sept figures de trois quarts à gauche ou à droite et de face.

Cachet de la Vente en bas à droite.

Toile. Haut., 30 cent.; larg., 37 cent.

BONHEUR

(ROSA)

77 — *Daims debout et couchés, dans un parc.*

Cachet de la Vente en bas à gauche.

Toile. Haut., 36 cent.; larg., 56 cent.

BONHEUR

(ROSA)

78 — *Moutons à têtes noires.*

De profil, l'un à gauche, l'autre à droite.

Cachet de la Vente en bas à droite.

Toile. Haut., 39 cent.; larg., 51 cent.

BONHEUR
(ROSA)

79 — *Mouton à tête noire.*

De trois quarts à droite et de dos.

Cachet de la Vente en bas à gauche.

Toile. Haut., 18 cent.; larg., 21 cent.

BONHEUR
(ROSA)

80 — *Biche de face.*

Cachet de la Vente en bas à droite.

Toile. Haut., 35 cent.; larg., 17 cent.

BONHEUR
(ROSA)

81 — *Veaux à l'étable.*

L'un debout de trois quarts à droite et de face, presque de profil, l'autre couché vu moitié de profil à gauche.

Cachet de la Vente en bas à droite.

Toile. Haut., 26 cent.; larg., 32 cent.

BONHEUR
(ROSA)

82 — *Têtes de béliers.*

Sept figures.

Cachet de la Vente en bas à gauche.

Toile. Haut., 26 cent.; larg., 35 cent.

CASANOVA

83 — *La Leçon du Jeune Prince.*

Signé en bas à droite.

Bois. Haut., 30 cent.; larg., 38 cent.

CLAYS

84 — *Barque surprise par la tempête.*

Signé du monogramme en bas à gauche.

Toile. Haut., 54 cent.; larg., 39 cent.

FARROTY
(H.-A.)

85 — *Berger et son troupeau.*

Signé en bas à droite.

Toile. Haut., 1 mètre; larg., 1 m. 64 cent.

FARROTY
(H.-A.)

86 — *Moutons au pâturage.*

Signé en bas à gauche.

Toile. Haut., 74 cent.; larg., 1 m. 02 cent.

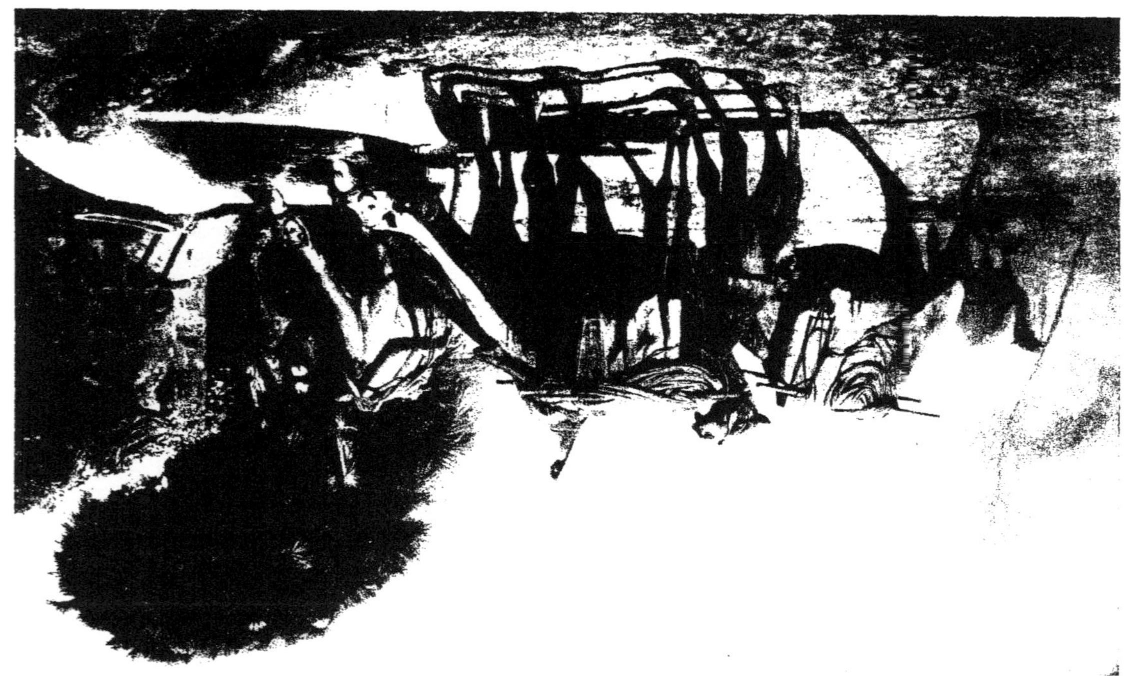

FRANGIAMORE

(SAL.)

87 — ***La Petite bouquetière.***

Assise au pied d'une fontaine, la petite bouquetière offre ses fleurs aux passantes, tandis que derrière elle un jeune garçon est debout, une orange à la main.

Signé en bas à gauche.

Toile. Haut., 82 cent.; larg., 55 cent.

FRANGIAMORE

(S.)

88 — *Le Tasse et Eléonore d'Este.*

Devant une assemblée de six personnages, dans un palais de marbre, le poète, assis à gauche, lit ses vers.

Eléonore l'écoute avec une attention et un intérêt plus marqués que les autres auditeurs.

C'est le commencement d'un amour tragique.

Toile. Haut., 65 cent.; larg., 92 cent.

GÉROME

(JEAN-LÉON)

89 — *L'Abreuvoir.*

Six chameaux conduits par leur cornac sont venus se désaltérer à l'abreuvoir. Ils sont chargés de bâts. A droite, au pied d'un petit mur, une sorte de roue à laquelle sont suspendues des cruches servant à remplir d'eau un tronc d'arbre creux. A gauche, deux autres chameaux se reposent et au fond s'étend le paysage ensoleillé bordé au fond par des collines sur lesquelles se détache un aqueduc.

Signé sur le rebord de l'abreuvoir et daté : *1857*.

Toile. Haut., 75 cent.; larg., 1 m. 20 cent.

(*Salon de 1857.*)

MULLIER
(M.)

90 — *La Jeune Fille à la colombe.*

Signé en haut à droite.

Toile. Haut., 57 cent.; larg., 42 cent.

PRATELLA
(A.)

91 — *Baie de Naples. Les Pêcheurs.*

Signé en bas à droite.

Toile. Haut., 28 cent.; larg., 49 cent.

PRATELLA

92 — *Pêcheurs dans la baie de Naples.*

Signé en bas à gauche.

Toile. Haut., 36 cent.; larg., 24 cent.

PRATELLA

93 — *Ruines du Château de l'œuf.*

Signé au milieu en bas.

Toile. Haut., 22 cent.; larg., 39 cent.

RETORÉ

(MAX)

94 — *Barques vénitiennes.*

Signé en bas à gauche et daté : ***Venise*** *95.*

Toile. Haut., 35 cent.; larg., 60 cent.

REYNA

(R.)

95 — *Vue de Venise.*

Signé en bas à droite.

Toile. Haut., 29 cent.; larg., 53 cent.

ROBIES

(JEAN)

96 — *Nature morte.*

Sur une table sont posées des fleurs, des framboises dans un compotier et un vase de nacre à monture de métal finement ciselé.

Signé en bas à droite.

Bois. Haut., 60 cent.; larg., 50 cent.

STAGLIANO

(A.)

97 — *Bacchante.*

Signé en bas à droite.

Toile. Haut., 62 cent.; larg., 47 cent.

STAGLIANO

(A.)

98 — *La Jeune Fille au tambourin.*

Signé en bas à gauche.

Bois. Haut., 37 cent.; larg., 23 cent.

STAGLIANO

99 — ***Rêverie.***

Signé en bas à gauche.

Toile. Haut., 58 cent.; larg., 45 cent.

STEVENS

(ALFRED)

100 — *Le Regiment qui passe.*

La petite fille a abandonné ses livres d'images pour regarder, par la croisée grande ouverte, le régiment qui passe dans la rue. Vue de dos, elle se hausse sur la pointe de ses petits pieds chaussés de blanc et semble vivement intéressée. Sa mère, vêtue de rose, est debout à côté d'elle et s'abrite du soleil avec un écran; de l'autre main, elle tient derrière son dos la tapisserie qu'elle vient d'interrompre.

De la rangée des toits émerge le dôme des Invalides.

Œuvre inachevée.

Toile. Haut., 1 m. 10 cent.; larg., 80 cent.

STEVENS

(ALFRED)

101 — *La Mauvaise nouvelle.*

Assise près d'une table ronde sur laquelle elle s'accoude, une jeune femme tient à la main une lettre dont la lecture semble l'avoir vivement contrariée. Elle est vêtue d'une large robe violette recouverte de mousseline. Sur le guéridon, un vase de fleurs et un livre sont posés. Sur le panneau du fond, un tableau est accroché.

Signé en bas à droite.

Bois. Haut., 45 cent.; larg., 38 cent.

STOÏLOFF

102 — *La Charge.*

Signé en bas à droite.

Toile. Haut., 65 cent.; larg., 92 cent.

UNTERBERGER

(F.-R.)

103 — *Pont du Rialto à Venise.*

Signé en bas à droite.

Toile. Haut., 82 cent.; larg., 67 cent.

UNTERBERGER

(F.-R.)

104 — *Vue de Naples.*

Signé en bas à droite.

Toile. Haut., 82 cent.; larg., 67 cent.

VERBOECKHOVEN

(EUGÈNE)

105 — *Intérieur de bergerie.*

Dans l'étable les moutons sont rassemblés, les uns mangent le foin dans l'auge, d'autres sont couchés sur la paille. Deux petits agneaux sont à côté de leur mère. Çà et là picorent un coq et des poules. A gauche, par-dessus la barrière qui ferme la bergerie, on aperçoit un paysage lointain.

Signé sur le mur à droite et daté : *1867.*

Bois. Haut., 1 m. 10 cent.; larg., 1 m. 15 cent.

VERBOECKHOVEN

(EUGÈNE)

106 — *Intérieur de cuisine.*

La jeune paysanne est assise dans sa cuisine et, tenant une poêle à la main, elle fait cuire quelque chose sur un petit feu de bois. Au-dessus de la grande cheminée, où pend la crémaillère, quelques assiettes sont posées. Sur la table, à droite, des coquilles d'œufs, une assiette, une cruche. A gauche, près d'une chaise, un panier de légumes. Deux poules cherchent leur pâture. Au fond, par la porte entr'ouverte, on aperçoit une bergère et ses moutons dans la prairie.

Signé en bas à droite.

Toile. Haut., 47 cent.; larg., 67 cent.

VERBOECKHOVEN

(EUGÈNE)

107 — *Études de moutons.*

Signé du monogramme en bas à droite.

Toile. Haut., 49 cent.; larg., 63 cent.

VERBOECKHOVEN

(EUGÈNE)

108 — *Un Berger.*

Signé du monogramme en bas à droite.

Toile. Haut., 72 cent.; larg., 54 cent.

VERBOECKHOVEN

(EUGÈNE)

109 — *Les Clifles à Douvres.*

Au sommet des falaises, les moutons broutent dans les prairies, surveillés par leur berger. Au premier plan un pêcheur, accompagné de son chien, remonte le chemin qui descend à pic vers la plage. Plus loin, un artiste dessine le paysage. En bas, on aperçoit la mer qui s'étend au loin toute bleue.

Signé en bas à droite et daté : *1865*.

Bois. Haut., 42 cent.; larg., 50 cent.

VERBOECKHOVEN

(EUGÈNE)

110 — *Études de chevreaux.*

Signé du monogramme en bas à droite.

Toile. Haut., 24 cent.; larg., 42 cent.

VERBOECKHOVEN
(EUGÈNE)

111 — *Bruyères en fleurs. Paysage.*

Signé en bas à droite.

Toile. Haut., 26 cent.; larg., 36 cent.

VERBOECKHOVEN
(EUGÈNE)

112 — *Campagne romaine.*

Signé en bas à gauche et daté : *1865.*

Toile. Haut., 29 cent.; larg., 43 cent.

VERBOECKHOVEN
(EUGÈNE)

113 — *La Vache rousse.*

Signé en bas à droite.

Bois. Haut., 26 cent.; larg., 32 cent.

VERBOECKHOVEN
(EUGÈNE)

114 — *Buste d'un Oriental.*

Signé du monogramme en bas et daté : *1843.*

Toile. Haut., 81 cent.; larg., 65 cent.

VERBOECKHOVEN

115 — *Les Bûcherons.*

A la lisière de la forêt, des bûcherons chargent un arbre sur une voiture trainée par des bœufs.

Grisaille.

Signé du monogramme en bas à droite.

Toile. Haut., 61 cent.; larg., 53 cent.

VERBOECKHOVEN

116 — *Étude de quatre têtes de béliers.*

Signé du monogramme en bas à droite.

Bois. Haut., 28 cent.; larg., 38 cent.

CADRES EN BOIS SCULPTÉ

117 — Cadre doré Louis XIII.

Haut., 80 cent.; larg., 1 m. 30 cent.

118 — Cadre noir et or. XVIe siècle.

Haut., 95 cent.; larg., 1 m. 18 cent.

119 — Cadre Louis XIII.

Haut., 78 cent.; larg., 1 m. 32 cent.

120 — Cadre doré Louis XIV.

Haut., 65 cent.; larg., 79 cent.

121 — Cadre doré. XVIIIe siècle.

Haut., 77 cent.; larg., 64 cent.

122 — Cadre doré Louis XIII.

Haut., 57 cent.; larg., 68 cent.

123 — Cadre doré. Renaissance italienne.

Haut., 28 cent.; larg., 83 cent.

124 — Cadre or et noir Louis XIII.

Haut., 57 cent.; larg., 39 cent.

125 — Cadre doré italien.

Haut., 23 cent.; larg., 25 cent.

126 — Cadre tabernacle italien.

Haut., 28 cent.; larg., 38 cent.

127 — Cadre tabernacle italien.

Haut., 24 cent.; larg., 33 cent.

128 — Cadre tabernacle italien avec blason.

Haut., 32 cent.; larg., 39 cent.

129 — Cadre Louis XVI avec fronton.

Haut., 60 cent.; larg., 80 cent.

130 — Cadre florentin octogonal, garni de métaux.

Haut., 17 cent.; larg., 21 cent.

131 — Cadre italien, têtes d'anges. XVIe siècle.

Haut., 74 cent.; larg., 97 cent.

132 — Cadre doré italien, têtes d'anges.

Haut., 44 cent.; larg., 35 cent.

133 — Cadre tabernacle italien.

Haut., 46 cent.; larg., 32 cent.

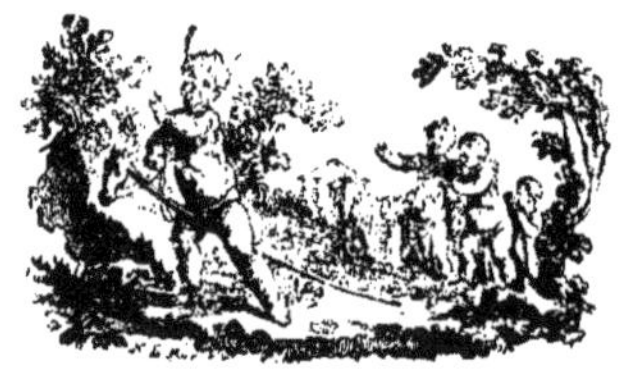

www.ingramcontent.com/pod-product-compliance
Ingram Content Group UK Ltd.
Pitfield, Milton Keynes, MK11 3LW, UK
UKHW020444180726
13839UKWH00004B/1620

9 782329 535456